AF329648

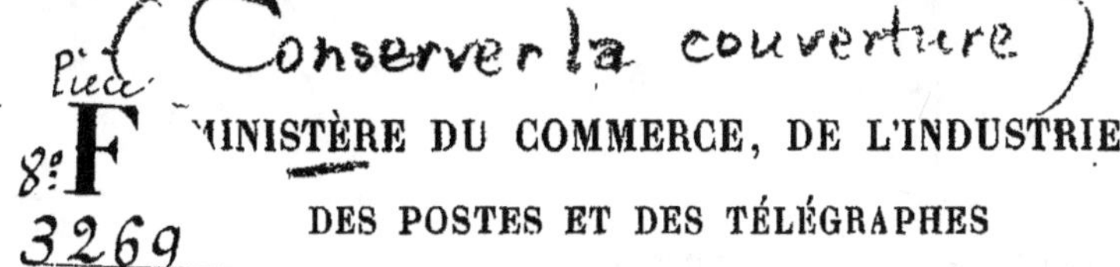

MINISTÈRE DU COMMERCE, DE L'INDUSTRIE

DES POSTES ET DES TÉLÉGRAPHES

DIRECTION DE L'ASSURANCE ET DE LA PRÉVOYANCE SOCIALES

(1ᵉʳ BUREAU)

LOIS, RÈGLEMENTS ET INSTRUCTIONS

SUR

LES HABITATIONS À BON MARCHÉ

PARIS

IMPRIMERIE NATIONALE

MDCCCC

LOIS, RÈGLEMENTS ET INSTRUCTIONS

SUR

LES HABITATIONS À BON MARCHÉ.

LOI DU 30 NOVEMBRE 1894

RELATIVE AUX HABITATIONS À BON MARCHÉ.

Art. 1er. Il pourra être établi dans chaque département un ou plusieurs comités des habitations à bon marché.

Ces comités ont pour mission d'encourager la construction de maisons salubres et à bon marché, soit par des particuliers ou des sociétés, en vue de les louer ou de les vendre à échéance fixe ou par payements fractionnés à des personnes n'étant propriétaires d'aucune maison, notamment à des ouvriers ou employés vivant principalement de leur travail ou de leur salaire, soit par les intéressés eux-mêmes pour leur usage personnel.

Art. 2. Ces comités peuvent recevoir des subventions de l'État, des départements et des communes, ainsi que des dons et legs, aux conditions prescrites par l'article 910 du Code civil pour les établissements d'utilité publique.

Toutefois, ils ne peuvent posséder d'autres immeubles que celui qui est nécessaire à leurs réunions.

Ils peuvent faire des enquêtes, ouvrir des concours d'architecture, distribuer des prix d'ordre et de propreté, accorder des encouragements pécuniaires et plus généralement employer les moyens de nature à provoquer l'initiative en faveur de la construction et de l'amélioration des maisons à bon marché.

Dans le cas où ces comités cesseraient d'exister, leur actif après liquidation pourra être dévolu, sur avis du Conseil supérieur institué à l'article 14 ci-après, aux sociétés de construction des habitations à bon marché, aux associations de prévoyance et aux bureaux de bienfaisance de la circonscription.

Art. 3. Les frais de local et de bureau, l'allocation au secrétaire du comité et les jetons de présence qui pourront être alloués, à titre d'indemnité de déplacement, aux membres des comités n'habitant pas la localité où se tiendraient les réunions, pourront être mis par le conseil général à la charge du budget départemental.

Art. 4. Ces comités sont institués par décret du Président de la République, après avis du conseil général et du Conseil supérieur des habitations à bon marché. Le même décret détermine l'étendue de leur circonscription et fixe le nombre de leurs membres dans la limite de neuf au moins et de douze au plus.

Le tiers des membres du comité est nommé par le conseil général, qui le choisit parmi les conseillers généraux, les maires et les membres des chambres de commerce ou des chambres consultatives des arts et manufactures de la circonscription du comité.

Les deux autres tiers sont nommés par le préfet : l'un parmi les personnes spécialement versées dans les questions d'hygiène, de construction et d'économie sociale; l'autre parmi les membres des sociétés de construction d'habitations à bon marché, des sociétés mutuelles de prévoyance et d'épargne et des syndicats professionnels institués conformément à la loi.

Ces comités ainsi constitués font leur règlement, qui est soumis à l'approbation du préfet. Ils désignent leur président et leur secrétaire. Ce dernier peut être pris en dehors du comité.

Ces comités sont nommés pour trois ans.

Leur mandat peut être renouvelé.

Art. 5. Les avantages concédés par la présente loi s'appliquent exclusivement :

En ce qui concerne les maisons individuelles destinées à être acquises par les personnes visées à l'article 1er, ou construites par elles, aux immeubles dont le revenu net imposable à la contribution foncière, déterminé conformément à l'article 5 de la loi du 8 août 1890, ne dépasse pas de plus d'un dixième.

Dans les communes au-dessous de 1,000 habitants, 90 francs;

De 1,001 à 5,000 habitants, 150 francs;

De 5,001 à 30,000 habitants, 170 francs;

De 30,001 à 200,000 habitants et dans celles qui sont situées dans un rayon de 40 kilomètres autour de Paris, 220 francs;

Dans les communes de 200,001 habitants et au-dessus, 300 francs;

A Paris, 375 francs;

En ce qui a trait aux maisons individuelles ou collectives destinées à être louées, à celles dont le revenu net imposable, pour leur intégralité ou pour chacun des logements les composant et destinés à être loués séparément, ne comporte pas un chiffre supérieur à ceux qui sont indiqués ci-dessus pour chaque catégorie de communes.

Aʀᴛ. 6. Les bureaux de bienfaisance, hospices et hôpitaux peuvent, avec l'autorisation du préfet, employer une fraction de leur patrimoine, qui ne pourra excéder un cinquième, à la construction de maisons à bon marché, dans les limites de leurs circonscriptions charitables, ainsi qu'en prêts hypothécaires aux sociétés de construction de maisons à bon marché et aux sociétés de crédit qui, ne construisant pas elles-mêmes, ont pour objet de faciliter l'achat ou la construction de ces maisons, et en obligations de ces sociétés.

La Caisse des dépôts et consignations est autorisée à employer, jusqu'à concurrence du cinquième, la réserve provenant de l'emploi des fonds des caisses d'épargne qu'elle a constituée, en obligations négociables des sociétés de construction et de crédit indiquées au paragraphe précédent [1].

Aʀᴛ. 7. La caisse d'assurance en cas de décès, instituée par la loi du 11 juillet 1868, est autorisée à passer avec les acquéreurs ou les constructeurs de maisons à bon marché, qui se libèrent du prix de leur habitation au moyen d'annuités, des contrats d'assurances temporaires ayant pour but de garantir à la mort de l'assuré, si elle survient dans la période d'années déterminée, le payement des annuités restant à échoir.

Le chiffre maximum du capital assuré ne pourra pas dépasser la

---

[1] La Caisse des dépôts et consignations a rédigé, pour l'application de cette disposition, une notice de *Renseignements*, qui peut être demandée soit à cet établissement, soit au Ministère du commerce, de l'industrie, des postes et des télégraphes (*Direction de l'Assurance et de la Prévoyance sociales. — 1ᵉʳ Bureau*).

Sur les *prêts directs des Caisses d'épargne*, voir ci-après (*page 36*) la circulaire ministérielle du 10 mars 1897 aux directeurs des Caisses d'épargne.

somme déduite du taux de capitalisation de 4.27 p. o/o , appliqué au revenu net énoncé à l'article 5.

Tout signataire d'une proposition d'assurance, faite dans les conditions du paragraphe 1ᵉʳ du présent article, devra répondre aux questions et se soumettre aux constatations médicales qui seront prescrites par les polices. En cas de rejet de la proposition, la décision ne devra pas être motivée. L'assurance produira son effet dès la signature de la police, nonobstant toute clause contraire.

La somme assurée sera, dans le cas du présent article, cessible en totalité dans les conditions fixées par les polices.

La durée du contrat devra être fixée de manière à ne reporter aucun payement éventuel de prime après l'âge de soixante-cinq ans.

Art. 8. Lorsqu'une maison individuelle, construite dans les conditions édictées par la présente loi[1], figure dans une succession et que cette maison est occupée, au moment du décès de l'acquéreur ou du constructeur, par le défunt, son conjoint, ou l'un de ses enfants, il est dérogé aux dispositions du Code civil, ainsi qu'il est dit ci-après :

1° Si le défunt laisse des descendants, l'indivision peut être maintenue, à la demande du conjoint ou de l'un de ses enfants, pendant cinq années à partir du décès.

Dans le cas où il se trouverait des mineurs parmi les descendants, l'indivision pourra être continuée pendant cinq années à partir de la majorité de l'aîné des mineurs, sans que sa durée totale puisse, à moins d'un consentement unanime, excéder dix ans.

Si le défunt ne laisse pas de descendants, l'indivision pourra être maintenue pendant cinq ans à compter du décès, à la demande et en faveur de l'époux survivant, s'il en est copropriétaire au moins pour moitié et s'il habite la maison au moment du décès.

Dans ces divers cas, le maintien de l'indivision est prononcé par le juge de paix, après avis du conseil de famille.

2° Chacun des héritiers et le conjoint survivant, s'il a un droit de copropriété, a la faculté de reprendre la maison, sur estimation. Lorsque plusieurs intéressés veulent user de cette faculté, la préférence est accordée d'abord à celui que le défunt a désigné, puis à l'époux, s'il est

[1] Les dispositions qui suivent ont été rendues applicables aux maisons construites antérieurement à la promulgation de la loi du 30 novembre 1894. Voir ci-après l'article 3 de la loi du 31 mars 1896.

copropriétaire pour moitié au moins. Toutes choses égales, la majorité des intéressés décide. A défaut de majorité, il est procédé par voie de tirage au sort. — S'il y a contestation sur l'estimation de la maison, cette estimation est faite par le comité des habitations à bon marché et homologuée par le juge de paix. — Si l'attribution de la maison doit être faite par la majorité ou par le sort, les intéressés y procèdent sous la présidence du juge de paix, qui dresse procès-verbal des opérations.

Art. 9. Sont affranchies des contributions foncière et des portes et fenêtres les maisons individuelles ou collectives destinées à être louées ou vendues, et celles qui sont construites par les intéressés eux-mêmes pourvu qu'elles réunissent les conditions exigées par les articles 1 et 5.

Cette exemption sera annuelle et d'une durée de cinq années à partir de l'achèvement de la maison. Elle cesserait de plein droit si, par suite de transformations ou d'agrandissements, l'immeuble perdait le caractère d'une habitation à bon marché et acquérait une valeur sensiblement supérieure au maximum légal.

Pour être admis à jouir du bénéfice de la présente loi, on devra produire, dans les formes et les délais fixés par l'article 9, § 3, de la loi du 8 août 1890, une demande qui sera instruite et jugée comme les réclamations pour décharge ou réduction de contributions directes. Cette demande pourra être formulée dans la déclaration exigée, par le même article de ladite loi, de tout propriétaire ayant l'intention d'élever une construction passible de l'impôt foncier.

Les parties des bâtiments dont il est question au présent article destinées à l'habitation personnelle donneront lieu, conformément à l'article 2 de la loi du 4 août 1844, à l'augmentation du contingent départemental dans la contribution personnelle-mobilière, à raison du vingtième de leur valeur locative réelle, à dater de la troisième année de l'achèvement des bâtiments, comme si ces bâtiments ne jouissaient que de l'immunité ordinaire d'impôt foncier accordée par l'article 88 de la loi du 3 frimaire an VII aux maisons nouvellement construites ou reconstruites.

Sont exemptées de la taxe établie par l'article 1er de la loi du 20 février 1849, dans les termes de la loi du 29 décembre 1875, les sociétés, quelle qu'en soit la forme, qui ont pour objet exclusif la construction et la vente des maisons auxquelles s'applique la présente loi.

La taxe continuera à être perçue pour les maisons exploitées par la société ou mises en location par elle.

Art. 10. Les actes constatant la vente de maisons individuelles à bon marché, construites par les bureaux de bienfaisance, hospices ou hôpitaux, les sociétés de construction, ou par des particuliers, soit avec leurs propres ressources, soit avec le concours des sociétés de crédit mentionnées aux articles 6 et 11, sont soumis aux droits de mutation établis par les lois en vigueur.

Toutefois, lorsque le prix aura été stipulé payable par annuités, la perception de ce droit pourra, sur la demande des parties, être effectuée en plusieurs fractions égales, sans que le nombre de ces fractions puisse excéder celui des annuités prévues au contrat ni être supérieur à cinq. Il sera justifié de la qualité de l'acquéreur par un certificat du maire de sa résidence. Il sera également justifié par un certificat du maire de la commune de la situation que l'immeuble a été reconnu exempt de l'impôt foncier, par application des articles 5 et 9, ou que, tout au moins, une demande d'exemption a été formée dans les conditions prévues par ces articles. Ces deux certificats seront délivrés sans frais, chacun en double original, dont l'un sera annexé au contrat de vente, et l'autre déposé au bureau de l'enregistrement, lors de l'accomplissement de la formalité.

Le payement de la première fraction du droit aura lieu au moment où le contrat sera enregistré; les autres fractions seront exigibles d'année en année et seront acquittées dans le trimestre qui suivra l'échéance de chaque année, de manière que la totalité du droit soit acquittée dans l'espace de quatre ans et trois mois au maximum à partir du jour de l'enregistrement du contrat.

Si la demande d'exemption d'impôt foncier qui a motivé le fractionnement de la perception vient à être définitivement rejetée, les droits non encore acquittés seront immédiatement recouvrés.

Dans le cas où, par anticipation, l'acquéreur se libérerait entièrement du prix avant le payement intégral du droit, la portion restant due deviendrait exigible dans les trois mois du règlement définitif. Les droits seront dus solidairement par l'acquéreur et par le vendeur.

L'enregistrement des actes visés au présent article sera effectué dans les délais fixés et, le cas échéant, sous les peines édictées par les lois en vigueur. Tout retard dans le payement de la seconde fraction ou des fractions subséquentes des droits rendra immédiatement exigible la totalité des sommes restant dues au Trésor. Si la vente est résolue avant le payement complet des droits, les termes acquittés ou échus depuis plus de trois mois demeureront acquis au Trésor; les autres tomberont en non-valeur.

La résolution volontaire ou judiciaire du contrat ne donnera ouverture qu'au droit fixe de 3 francs.

Art. 11. Les actes nécessaires à la constitution et à la dissolution des associations de construction ou de crédit actuellement existantes, ou à créer, telles qu'elles sont définies dans la présente loi, sont dispensés du timbre et enregistrés gratis, s'ils remplissent les conditions prévues par l'article 68, § 3, n° 4, de la loi du 22 frimaire an VII. Les pouvoirs en vue de la représentation aux assemblées générales sont dispensés du timbre. Toutefois ces sociétés restent soumises aux droits de timbre pour leurs titres d'actions et obligations, ainsi qu'au droit de timbre-quittance établi par l'article 18 de la loi du 23 août 1871.

Ces sociétés ne seront admises au bénéfice de ces exonérations et des autres faveurs concédées par la loi qu'autant que leurs statuts, approuvés par le Ministre compétent, sur l'avis du Conseil supérieur institué par l'article 14, limiteront leurs dividendes à un chiffre maximum [1].

Art. 12. L'abonnement au timbre souscrit pour leurs actions par ces sociétés ne subira aucune réduction, quelle que soit la diminution du capital social ; mais, en cas d'émissions nouvelles, les droits de timbre resteront les mêmes tant que le capital social précédemment soumis à l'abonnement ne sera pas dépassé.

Art. 13. Les mêmes sociétés sont dispensées de toute patente. Elles sont également exonérées de l'impôt sur le revenu attribué aux actions et aux parts d'intérêt, à la condition que les statuts imposent pour ces titres la forme nominative, mais seulement pour les associés dont le capital versé, constaté par le dernier inventaire, ne dépassera pas 2,000 francs.

Les sociétés actuellement existantes jouiront, au même titre que celles qui se fonderont après la promulgation de la loi, de cette dispense et des autres faveurs ou immunités qu'elle concède, à la condition de modifier leurs statuts, le cas échéant, conformément à ces prescriptions.

Art. 14. Il sera constitué auprès du Ministre du commerce et de l'industrie un Conseil supérieur des habitations à bon marché auquel devront être soumis tous les règlements à faire en vertu de la présente loi et d'une façon générale toutes les questions concernant les logements économiques.

Les comités locaux lui adresseront chaque année, dans le courant de janvier, un rapport détaillé sur leurs travaux. Le Conseil supérieur en donnera le résumé, avec ses observations, dans un rapport d'ensemble adressé au Président de la République.

---

[1] Cet alinéa a été modifié par la loi du 31 mars 1896, ci-après.

Art. 15. Un règlement d'administration publique déterminera les mesures propres à assurer l'application des dispositions qui précèdent, et notamment : 1° l'organisation et le fonctionnement du Conseil supérieur des habitations à bon marché et des comités locaux; 2° les dispositions que devront contenir les statuts des sociétés de construction et de crédit, pour que ces sociétés puissent bénéficier des faveurs de la loi; 3° les conditions dans lesquelles la caisse d'assurance en cas de décès pourra organiser des assurances temporaires; 4° la procédure à suivre pour l'application de l'article 8.

Art. 16. La présente loi est applicable à l'Algérie.

DÉCRET DU 21 SEPTEMBRE 1895

PORTANT RÈGLEMENT D'ADMINISTRATION PUBLIQUE

POUR L'EXÉCUTION

DE LA LOI DU 30 NOVEMBRE 1894

RELATIVE

AUX HABITATIONS À BON MARCHÉ.

———

Le Président de la République française,

Sur le rapport du Ministre du commerce, de l'industrie, des postes et des télégraphes;

Vu la loi du 30 novembre 1894, relative aux habitations à bon marché, et notamment l'article 15;

Vu l'avis du Conseil supérieur des habitations à bon marché;

Vu l'avis de la Commission supérieure des caisses d'assurances en cas de décès et d'accidents;

Vu les avis du Garde des sceaux, Ministre de la justice, du Ministre de l'intérieur et du Ministre des finances;

Le Conseil d'État entendu,

Décrète :

TITRE Ier.

DES COMITÉS LOCAUX.

Art. 1er. Les comités locaux institués par décret du Président de la République et composés suivant les formes prescrites par l'article 4 de la loi du 30 novembre 1894 sont installés par le Préfet dans l'arrondissement chef-lieu, et par les sous-préfets dans les autres arrondissements.

Art. 2. Dans sa première séance, le comité désigne son président et, s'il y a lieu, un vice-président.

Il nomme aussi soit un secrétaire-trésorier, soit un secrétaire et un trésorier qui peuvent être pris en dehors du comité.

Art. 3. Le comité délibère valablement, lorsque la moitié plus un des membres qui le composent sont présents.

Les délibérations sont prises à la majorité absolue des votants.

S'il y a partage, la voix du président est prépondérante.

En cas de vacance provenant de démission ou de décès, il y est pourvu, selon les catégories, par le Préfet, dans un délai de trois mois, et, par le conseil général, dans la session qui suivra.

Art. 4. Le comité se réunit sur convocation du président, quand les besoins l'exigent ou lorsque trois membres le demandent par écrit.

Il doit au moins se réunir une fois par trimestre. A défaut de convocation pendant plus de six mois, le Préfet devra convoquer le comité.

Tout membre qui s'abstiendra de se rendre à trois convocations successives, sans motif reconnu légitime par le comité, sera déclaré démissionnaire par le Préfet.

Art. 5. Dans le courant de janvier, le comité adresse au Ministre du commerce, par l'intermédiaire du Préfet, un rapport détaillé sur ses travaux et l'état de sa situation financière avec les comptes de l'exercice écoulé et le budget de l'exercice courant.

Art. 6. Pour l'exécution des dispositions prévues aux articles 1 et 2 de la loi, le comité pourra, s'il y a lieu, déléguer, à une ou plusieurs personnes, telle mission spéciale à laquelle ses membres ne seraient pas en mesure de procéder par eux-mêmes.

Art. 7. L'indemnité de déplacement qui pourra être allouée, en vertu de l'article 3 de la loi, aux membres du comité n'habitant pas la localité où se tiendraient les réunions, ne dépassera pas 2 fr. 50 par myriamètre parcouru en allant et en revenant.

Art. 8. En cas de démission simultanée de plus de la moitié des membres du comité, le Conseil supérieur, saisi par un rapport du Préfet au Ministre, émettra son avis sur la reconstitution ou la dissolution du comité.

Il en sera de même si, après deux convocations successives, la seconde par lettre recommandée, le comité ne se trouvait pas en nombre pour délibérer, ou s'il commettait des abus graves dans l'exercice de ses fonctions.

La dissolution est prononcée par décret du Président de la République, qui statue sur la dévolution de l'actif, conformément au paragraphe 4 de l'article 2 de la loi.

TITRE II.

DES DISPOSITIONS QUE DEVRONT CONTENIR LES STATUTS DES SOCIÉTÉS DE CONSTRUCTION ET DE CRÉDIT.

Art. 9. Les sociétés de construction de maisons à bon marché et les sociétés de crédit qui, ne construisant pas elles-mêmes, ont pour but de faciliter l'achat ou la construction de ces maisons, doivent, pour bénéficier des faveurs de la loi, indiquer dans leurs statuts :

1° Qu'elles ont pour objet exclusif, soit de procurer l'acquisition d'habitations salubres et à bon marché à des personnes qui ne sont déjà propriétaires d'aucune maison, soit de mettre en location des habitations de cette nature, soit d'améliorer des habitations déjà existantes;

2° Que les dividendes sont limités à 4 p. o/o au plus;

3° Que les statuts, ainsi que toute modification qui y serait apportée, doivent être approuvés par le Ministre du commerce, sur l'avis du comité permanent du Conseil supérieur des habitations à bon marché;

4° Que, dans les six mois qui suivent la clôture de chaque exercice, le compte rendu de l'assemblée générale de la société, accompagné du bilan, sera adressé, par l'intermédiaire du Préfet, au Ministre du commerce pour être soumis au comité permanent;

5° *Que, lors de l'expiration de la société ou en cas de dissolution anticipée, l'assemblée générale appelée à statuer sur la liquidation ne pourra attribuer l'actif qui resterait, après payement du passif et remboursement du capital-actions versé, qu'à une société constituée conformément aux prescriptions de la loi du 30 novembre 1894, la délibération dont il s'agit devant être approuvée par le Ministre, sur l'avis du Conseil supérieur* [1].

---

[1] Cet alinéa se trouve implicitement abrogé par l'article 1er de la loi du 31 mars 1896. Voir ci-après le texte de cette loi et la circulaire interprétative du 13 avril 1896.

TITRE III.

DÉTERMINATION DU CINQUIÈME DU PATRIMOINE DES BUREAUX DE BIENFAISANCE, HOSPICES ET HÔPITAUX.

ART. 10. Le cinquième du patrimoine des établissements de bienfaisance qui pourra être employé conformément aux dispositions du paragraphe 1ᵉʳ de l'article 6 de la loi devra être calculé d'après le cours de la bourse, pour les valeurs mobilières et, pour les immeubles, d'après l'évaluation qui en sera faite par un expert nommé par le Préfet.

Les immeubles affectés aux services d'assistance ne seront pas compris dans cette évaluation et n'entreront pas en ligne de compte.

Les biens mobiliers ou immobiliers provenant de fondations et grevés d'une charge spéciale n'entreront en ligne de compte que sous déduction de la somme nécessaire pour faire face à ces charges.

En aucun cas, la somme dont les bureaux de bienfaisance, hospices et hôpitaux pourront ainsi disposer ne dépassera le montant de leur fortune mobilière.

TITRE IV.

DES ASSURANCES TEMPORAIRES EN CAS DE DÉCÈS [1].

ART. 11. L'acquéreur, le locataire avec promesse de vente, ou le constructeur d'une maison à bon marché, qui veut garantir par une assurance le payement des annuités d'amortissement restant à échoir au moment de son décès, adresse une proposition au Directeur général de la Caisse des dépôts et consignations.

Le montant de l'assurance ne pourra dépasser :

Pour les immeubles situés dans une commune de
1,000 habitants et au-dessous................... 2,300ᶠ
De 1,001 à 5,000 habitants................... 3,900
De 5,001 à 30,000 habitants................... 4,400
De 30,001 à 200,000 habitants ou dans une des communes situées dans un rayon de 40 kilomètres autour de Paris................... 5,700
Dans une commune de 200,001 habitants et au-dessus. 7,700
À Paris................... 9,700

[1] La Caisse des dépôts et consignations a établi, sur les conditions spéciales de ces assurances, une *Notice* qui peut être demandée soit à cet établissement, soit au Ministère du commerce, de l'industrie, des postes et des télégraphes (*Direction de l'Assurance et de la Prévoyance sociales. — 1ᵉʳ Bureau*).

Les propositions d'assurances peuvent être transmises, soit par les comités des habitations à bon marché, soit par les sociétés de construction ou de crédit. Ces comités ou sociétés pourront également servir d'intermédiaire entre les assurés et la caisse d'assurance pour toutes les opérations ultérieures.

Art. 12. Les propositions d'assurances, les polices définitives et les versements de primes sont reçus à la Direction générale de la Caisse des dépôts et consignations, à Paris; chez les trésoriers-payeurs généraux et les receveurs particuliers des finances, dans les départements; chez les trésoriers-payeurs et les payeurs particuliers, en Algérie.

Les propositions d'assurances sont également reçues par les percepteurs des contributions directes.

Sur la demande faite par l'assuré au Directeur général de la Caisse des dépôts et consignations, les percepteurs peuvent être autorisés à recevoir les polices définitives et à encaisser les primes.

Art. 13. Le proposant produit à l'appui de sa demande :

1° Un extrait de son acte de naissance;

2° L'engagement de répondre aux questions et de se soumettre aux constatations médicales qui seront prescrites par les polices;

3° Une déclaration affirmant qu'il ne possède aucune autre maison et que celle en vue de laquelle il veut contracter une assurance rentre dans les limites prévues à l'article 5 de la loi;

4° Le contrat d'acquisition ou de prêt passé soit avec une société de construction ou de crédit, soit avec un particulier.

Le contrat d'acquisition ou de prêt devra indiquer le nombre, les dates d'échéance et le montant des annuités d'amortissement dont l'assurance devra garantir le payement en cas de décès, ainsi que le taux de l'intérêt.

La proposition est datée et signée par le proposant ou revêtue par le préposé de la Caisse des dépôts et consignations d'une mention énonçant que le proposant ne sait ou ne peut signer.

Art. 14. La proposition d'assurance, accompagnée des pièces produites à l'appui, est transmise, sans délai, par le préposé qui l'a reçue, à la Direction générale de la Caisse des dépôts et consignations. Après les vérifications nécessaires, le proposant reçoit avis du montant de la prime unique ou des primes annuelles au moyen desquelles il pourra garantir le payement des annuités d'amortissement mentionnées dans le contrat et l'autorisation de se présenter chez le médecin, qui devra procéder à l'examen médical.

Avis de cette autorisation est donné en même temps au médecin.

Art. 15. Dans chaque canton où des habitations à bon marché seront construites, il sera désigné, par le Préfet, un ou plusieurs médecins visiteurs assermentés et chargés d'examiner les proposants.

Leur serment sera reçu, soit par le Préfet ou le sous-préfet, soit par le juge de paix du canton où résidera le médecin.

Le tarif de la visite médicale sera fixé par un arrêté du Préfet du département.

Art. 16. Le proposant, s'il n'est pas personnellement connu du médecin visiteur, doit se présenter chez celui-ci, assisté d'un délégué de la société de construction ou de crédit, ou de deux témoins imposés au rôle des contributions directes de la commune, qui attesteront l'identité du proposant sur le questionnaire destiné à recevoir les résultats de l'examen du médecin.

Art. 17. Après que les témoins se sont retirés, le médecin visiteur adresse au proposant les questions contenues dans la première partie du questionnaire et il y consigne les réponses qui lui sont faites; il fait signer cette première partie par le proposant après lui en avoir donné connaissance. Si ce dernier ne peut ou ne sait signer, le médecin en fait mention. Il procède ensuite à l'examen médical, inscrit le résultat de ses observations dans la seconde partie du questionnaire, signe et adresse le tout au Directeur général de la Caisse des dépôts et consignations.

Art. 18. Le Directeur général de la Caisse des dépôts et consignations décide s'il y a lieu de refuser l'assurance ou de l'accepter.

Dans le premier cas, il informe le proposant de son refus qui ne doit jamais être motivé.

Dans le second cas, il transmet au comptable qui a reçu la proposition d'assurance la police définitive en double expédition et un extrait de cette police qui servira au payement des primes.

Art. 19. La police d'assurance énonce les nom, prénoms, profession et domicile de l'assuré, ainsi que le lieu et la date de sa naissance.

Elle mentionne la durée de l'assurance, la prime unique ou les primes annuelles que l'assuré devra payer aux dates fixées par le contrat et le montant, après chaque échéance d'amortissement, de la somme que la Caisse aurait à payer en cas de décès de l'assuré.

Elle indique que l'assurance doit profiter soit aux ayants droit de l'assuré, soit à un bénéficiaire désigné.

Enfin elle porte l'engagement réciproque pris par l'assuré d'acquitter les primes aux dates convenues, et, par la Caisse d'assurance en cas de décès, représentée par le Directeur général de la Caisse des dépôts et consignations, d'effectuer le payement des sommes assurées en se conformant, de part et d'autre, aux conditions particulières du contrat et aux conditions générales imprimées dans la police.

Les deux expéditions de la police sont signées par l'assuré qui devra faire élection de domicile à Paris.

Si l'assuré ne peut ou ne sait signer, il en est fait mention sur les deux expéditions de la police par le préposé de la Caisse des dépôts et consignations.

Si un bénéficiaire est désigné, il peut donner son acceptation, au moment de la signature de la police, en inscrivant sur les deux expéditions de cet acte la mention : « Vu et accepté, le bénéficiaire », suivie de sa signature.

Le contrat d'assurance produit son effet à partir du payement de la première prime ou de la prime unique, suivi de la signature de la police par l'assuré ou par son mandataire spécial, alors même que l'assuré viendrait à décéder dans les deux ans du contrat.

Art. 20. L'assurance peut être contractée soit au moyen d'une prime unique, soit au moyen de primes annuelles décroissantes proportionnelles au risque de chaque année, soit au moyen de primes annuelles constantes à payer pendant une partie de l'assurance et dont le montant ne devra pas être inférieur au risque de la première année. Dans tous les cas, l'échéance des primes devra être fixée de manière à ne reporter le payement d'aucune d'elles après l'âge de 65 ans.

Art. 21. Les primes annuelles, autres que la première, sont acquittées, chaque année, à l'échéance fixée dans la police.

Art. 22. A toute époque, l'assuré peut convertir ses primes annuelles décroissantes ou constantes en une prime unique.

Il peut également convertir ses primes annuelles décroissantes en primes constantes, dont le montant ne devra pas être inférieur au risque de l'année dans laquelle aura lieu la modification du contrat.

Ces modifications sont constatées par un avenant à la police d'assurance.

Art. 23. Dans l'application des tarifs, la prime est fixée d'après l'âge de l'assuré à l'échéance de la prime. L'assuré est considéré comme ayant, à cette échéance, son année d'âge acccomplie, plus une demi-année.

Art. 24. Les primes peuvent être acquittées par les sociétés de construction ou de crédit bénéficiaires de l'assurance et par toute personne munie de l'extrait de la police remis à l'assuré en vue du payement des primes.

La société ou le mandataire verbal qui effectue simultanément des versements de primes ultérieures pour le compte de plusieurs assurés produit un bordereau nominatif donnant le détail des primes versées.

Art. 25. Le versement de chaque prime, effectué soit à la Caisse des dépôts et consignations, soit chez les trésoriers-payeurs généraux et les receveurs particuliers, en France, soit chez les trésoriers-payeurs et payeurs particuliers, en Algérie, est constaté par un récépissé à talon délivré par le comptable qui reçoit le versement.

Art. 26. Lorsque le versement doit être effectué entre les mains d'un percepteur autorisé à cet effet, conformément à l'article 12 ci-dessus, le Directeur général de la Caisse des dépôts et consignations transmet un titre de perception à ce comptable.

Le percepteur ne peut faire aucun encaissement de prime sans être nanti de ce titre de perception.

Le versement de chaque prime effectué dans ces conditions est constaté par une quittance extraite du journal à souche.

Art. 27. Le payement des primes peut également être opéré à la Caisse des dépôts et consignations, au moyen de mandats-poste transmis par les intéressés. Il en est délivré un récépissé à talon.

Art. 28. A défaut de payement d'une prime annuelle dans les trente jours, il est dû des intérêts de retard au taux de 4 p. o/o à partir de l'échéance.

Art. 29. Si la prime n'est pas acquittée dans les trois mois qui suivent l'échéance, le contrat est résolu de plein droit quinze jours après une mise en demeure restée sans effet.

Dans ce cas, lorsque l'assurance a été contractée au moyen de primes annuelles constantes, les versements effectués, déduction faite de la part afférente aux risques courus, sont ramenés à une prime unique garantissant le payement d'une somme dont le montant est calculé d'après les bases du tarif en vigueur à la date de la signature du contrat primitif et pour la période de temps restant à courir.

Art. 30. Toute réticence, toute fausse déclaration de la part de l'assuré, soit dans la proposition d'assurance, soit dans les réponses faites au médecin visiteur et qui seraient de nature à atténuer l'importance du risque ou à tromper sur l'identité de l'assuré, entraînent l'annulation de l'assurance, sans préjudice des poursuites qui pourraient être exercées conformément aux lois pénales.

Dans le cas où l'assurance est annulée pour les motifs énoncés dans le paragraphe précédent, la portion des primes versées afférente aux risques postérieurs à la date d'annulation du contrat est remboursée sans intérêts à l'assuré en présence du bénéficiaire de l'assurance, s'il y a lieu.

Art. 31. En cas de résiliation du contrat de vente ou de délibération anticipée des annuités souscrites, l'assuré peut obtenir la résiliation de son assurance et le payement d'une somme égale à la valeur de la portion des primes antérieurement payées qui étaient afférentes aux risques postérieurs à la date de la résiliation.

Ce payement est effectué sur la quittance collective de l'assuré et, s'il y a un bénéficiaire désigné, du bénéficiaire de l'assurance ou de ses ayants droit.

Art. 32. En cas de décès de l'assuré, les annuités restant à échoir sont payées à ses ayants droit ou au bénéficiaire désigné, sur la production du double de la police, de l'acte de décès de l'assuré et d'un certificat de médecin constatant le genre de maladie ou d'accident auquel l'assuré aura succombé.

Outre les pièces énumérées au paragraphe précédent, les ayants droit de l'assuré ont à produire un certificat de propriété délivré dans les formes et suivant les règles prescrites par l'article 6 de la loi du 28 floréal an VII.

Art. 33. Dans le cas où le décès de l'assuré résulte de suicide, de duel ou de condamnation judiciaire, l'assurance demeure sans effet, et les primes versées, augmentées des intérêts simples calculés au taux du tarif, sont remboursées aux ayants droit dans les conditions indiquées à l'article précédent.

Art. 34. Les sommes dues par la caisse d'assurance sont payables : à Paris, à la Caisse des dépôts et consignations; dans les départements, chez les trésoriers-payeurs généraux et receveurs particuliers des finances; en Algérie, chez les trésoriers-payeurs et payeurs particuliers.

Le payement a lieu sur une autorisation donnée par le Directeur général de la Caisse des dépôts et consignations à qui la demande doit être adressée soit directement, soit par l'intermédiaire des préposés et agents désignés à l'article 12 ci-dessus.

Art. 35. Les cessions ou transports de tout ou partie du capital assuré, consentis par l'assuré ou le bénéficiaire, en vertu de l'article 7, § 4, de la loi du 30 novembre 1894, ne pourront être faits que par acte notarié.

Les actes de cession ou transport, ou tous autres actes ayant pour objet de mettre opposition au payement des sommes assurées, doivent être signifiés au Directeur général de la Caisse des dépôts et consignations à Paris.

Art. 36. La cession du bénéfice de la police d'assurance ne pourra être faite qu'au profit de la société de construction et de crédit, lorsque cette clause sera insérée dans l'acte de promesse de vente joint à la proposition d'assurance en vertu de l'article 13 ci-dessus.

Art. 37. Les registres matricules et les comptes individuels des assurés sont tenus à la Direction générale de la Caisse des dépôts et consignations qui conserve le double des polices d'assurance et les pièces produites à l'appui, soit des propositions, soit des polices.

TITRE V.

DE L'INDIVISION OU DE L'ATTRIBUTION DES MAISONS À BON MARCHÉ.

Art. 38. Lorsqu'une maison individuelle, construite dans les conditions édictées par la loi du 30 novembre 1894[1], figure dans une succession et que cette maison est occupée, au moment du décès de l'acquéreur ou du constructeur, par le défunt, son conjoint, ou l'un de ses enfants, il est pourvu à l'exécution de l'article 8 de la loi conformément aux dispositions ci-après, sous l'autorité du juge de paix du lieu de l'ouverture de la succession.

Art. 39. Le conjoint survivant ou l'héritier qui veut faire prononcer le maintien de l'indivision, ou l'attribution de la maison à son profit, en forme la demande par voie de déclaration au greffe de la justice de paix.

La déclaration doit contenir :

1° Les nom, prénoms, profession et domicile du requérant et la qualité en laquelle il agit;

2° Les nom, prénoms, profession et domicile du conjoint survivant et de chacun des héritiers ou successeurs, à titre universel, ainsi que de leurs représentants légaux.

Elle est signée par le requérant et contresignée par le greffier.

Il y est joint un extrait du rôle de la contribution foncière ou un certificat du directeur des contributions directes attestant que la valeur locative de la maison ne dépasse pas les maxima déterminés par l'article 50 ci-après.

Le requérant doit, en outre, consigner une somme suffisante pour couvrir les frais immédiats de procédure. Le juge de paix en détermine, s'il y a lieu, le montant.

Art. 40. Lorsque le défunt aura laissé des héritiers mineurs ayant, au moment du décès, leur domicile dans le canton où la succession est ouverte, le conseil de famille, réuni comme il est dit à l'article 406 du Code civil, sera invité par le juge de paix à donner son avis sur le main-

---

[1] Les dispositions qui suivent ont été rendues applicables aux maisons construites antérieurement à la promulgation de la loi du 30 novembre 1894. Voir ci-après l'article 3 de la loi du 31 mars 1896.

tien de l'indivision, si ce maintien est demandé et si l'attribution de la maison n'est pas réclamée.

Si tous les intéressés sont présents, il pourra être procédé immédiatement et sans convocation spéciale de la façon prescrite par les articles 44 et suivants du présent règlement.

Art. 41. Lorsque la succession s'ouvrira dans un canton autre que celui où les héritiers mineurs ont leur domicile, le juge de paix du lieu de l'ouverture de la succession transmettra au juge de paix du lieu où la tutelle s'est ouverte, ainsi qu'au tuteur, s'il y en a un, copie de la déclaration à l'effet d'appeler le conseil de famille à en délibérer.

Art. 42. Le juge de paix saisi de la demande convoque tous les intéressés, ou leurs représentants, par lettres recommandées expédiées par le greffier.

L'avis de réception de la poste est joint au dossier de l'affaire.

Les délais et formes de la comparution sont fixés conformément aux articles 411 et 412 du Code civil.

Art. 43. Si l'un des intéressés est sans domicile ni résidence connus, le juge de paix, à la requête de la partie la plus diligente, lui nomme un mandataire spécial, à moins que le tribunal, en vertu de l'article 113 du Code civil, n'ait déjà commis un notaire pour le représenter.

Art. 44. Au jour fixé, si toutes les parties sont d'avis de maintenir l'indivision pour un temps déterminé, il leur en est donné acte par le juge de paix. Le pacte d'indivision ainsi conclu est définitif, même au regard des mineurs et interdits, sans qu'il soit besoin d'homologation.

En cas de désaccord, le juge de paix statue, d'après les circonstances, en vue du plus grand intérêt de la famille, et, s'il y a lieu, prononce le maintien de l'indivision dans les limites fixées par la loi, à moins que l'attribution de la maison ne soit demandée par quelqu'un des héritiers ou le conjoint survivant.

Art. 45. S'il n'y a pas de contestation sur la valeur de l'immeuble et que toutes les parties soient présentes ou dûment averties, conformément à l'article 42 ci-dessus, majeures et maîtresses de leurs droits, le juge de paix prononce l'attribution à celle des parties qui l'a demandée.

Lorsqu'elle est requise par plusieurs ayants droit, le juge de paix vérifie s'il existe au profit de l'un d'eux une cause légale de préférence et, le cas échéant, prononce l'attribution soit à celui que le défunt a désigné, soit à l'époux survivant, s'il est copropriétaire au moins pour moitié.

Toutes choses égales, il met aux voix la désignation de l'attributaire, les héritiers qui viennent par représentation d'une même personne n'ayant droit ensemble qu'à un seul suffrage.

A défaut de majorité, il procède, séance tenante, au tirage au sort.

Il est sur-le-champ dressé procès-verbal de l'attribution, ainsi que des conventions relatives au payement des soultes et autres conditions accessoires.

Art. 46. S'il y a contestation sur la valeur de la maison, le juge de paix constate en son procès-verbal le désaccord des parties, sursoit à l'attribution et requiert le comité des habitations à bon marché, dans la circonscription duquel est situé l'immeuble, d'en faire l'estimation et de lui en adresser le rapport détaillé.

Il en est de même si quelqu'un des intéressés n'a pas reçu la convocation du juge de paix prévue par l'article 42 ci-dessus, ou s'il y a parmi eux des mineurs ou des interdits.

Au cas où il n'existe pas de comité dans le département, l'estimation est faite par un expert nommé par le juge de paix, au besoin par commission rogatoire.

Art. 47. Sur le dépôt du rapport, les parties sont invitées à en prendre connaissance au greffe dans le délai de trente jours, puis convoquées à nouveau devant le juge de paix, le tout dans les formes prescrites à l'article 42 ci-dessus.

A défaut de conciliation, il fixe lui-même, d'après tous les éléments de la cause, le prix de la maison et procède, comme il est dit à l'article 45 ci-dessus, à son attribution.

Art. 48. Toutes décisions du juge de paix rendues par défaut sont notifiées aux parties défaillantes, sous pli recommandé, de la façon prescrite à l'article 42 ci-dessus.

L'opposition est recevable dans les huit jours de la réception de la lettre.

Art. 49. Il est alloué :

§ 1ᵉʳ. — *Aux greffiers des justices de paix, frais et déboursés non compris.*

1° Par chaque envoi de lettres recommandées............ 0ᶠ 50°
2° Pour la déclaration faite au greffe, tendant au maintien de l'indivision ou à l'attribution de l'immeuble............ 1 50

3° Pour copie de ladite déclaration.................... 1ᶠ 00ᶜ

4° Pour la rédaction du procès-verbal d'indivision ou d'attribution de l'immeuble.. 1 50

5° Pour dépôt du rapport à fin d'estimation de l'immeuble.. 1 50

6° Pour recherche et communication sans déplacement dudit rapport... 0 50

7° Pour chaque copie de jugement.................... 1 00

§ 2. — *Aux experts chargés de l'estimation de l'immeuble.*

1° Par vacation de trois heures, lorsqu'ils opéreront dans le canton où ils sont domiciliés, ou même hors du canton, mais dans la distance de 2 myriamètres................................... 5ᶠ 00ᶜ

2° Au delà de 2 myriamètres, èn dehors du canton, il sera alloué pour frais de voyage et de nourriture, soit pour l'aller, soit pour le retour, par chaque myriamètre............... 2 50

3° Pour la prestation de serment et pour le dépôt du rapport, indépendamment du transport au chef-lieu de canton dans le cas où il serait dû aux termes des dispositions qui précèdent. 2 00

TITRE VI.

DES IMMUNITÉS FISCALES.

ART. 50. Les immunités et atténuations d'impôts, accordées par la loi, sont exclusivement applicables aux maisons dont le revenu net imposable à la contribution foncière n'excédera pas les limites fixées par l'article 5 de la loi, c'est-à-dire dont la valeur locative augmentée des charges incombant au propriétaire et mises, par le bail, au compte du locataire[1], ne comportera pas, pour l'intégralité de ces maisons, ou pour chacun des logements les composant et destinés à être loués séparément, des chiffres supérieurs à ceux indiqués ci-dessous pour chaque catégorie de communes :

Dans les communes de 1,000 habitants et au-dessous.. 132ᶠ

Dans les communes de 1,001 habitants à 5,000...... 220

Dans les communes de 5,001 habitants à 30,000..... 250

[1] Voir ci-après l'article 2 de la loi du 31 mars 1896, qui excepte de ce calcul certaines charges spéciales mises par bail au compte du locataire.

Dans les communes de 3o,oo1 habitants à 2oo,ooo et
dans celles qui sont situées dans un rayon de 4o kilomètres autour de Paris.................... 3a3$
Dans les communes de 2oo,oo1 habitants et au-dessus. 44o
A Paris............................... 55o

ART. 51. Pour l'application de la disposition qui précède, les catégories de communes sont déterminées d'après le chiffre de la population municipale totale, résultant du dernier dénombrement de la population.

ART. 52. Lorsque, à la suite d'un nouveau dénombrement, une commune passe dans une catégorie inférieure à celle dont elle faisait précédemment partie, les maisons reconnues exemptes de l'impôt, ou ayant fait l'objet d'une demande d'exemption avant le 1er janvier de l'année à partir de laquelle les résultats du nouveau dénombrement doivent être appliqués en matière de contributions directes, conservent leur droit à l'exemption, même si leur valeur locative est supérieure au maximum prévu à l'article 5o ci-dessus pour la catégorie dans laquelle la commune se trouve actuellement rangée.

Au cas de passage d'une commune dans une catégorie supérieure, le nouveau maximum ne devient également applicable qu'aux maisons construites postérieurement au 1er janvier de l'année pour laquelle les résultats du nouveau dénombrement reçoivent leur première application dans les rôles des contributions directes.

Les mêmes règles sont suivies dans le cas de réunion ou de division des communes.

ART. 53. Pour déterminer les communes situées dans un rayon de 4o kilomètres autour de Paris, on prendra la distance à vol d'oiseau qui sépare la mairie de la commune du point le plus rapproché de l'enceinte fortifiée de Paris.

ART. 54. Les modifications apportées à la valeur locative des maisons, à la suite d'une nouvelle évaluation des propriétés bâties, n'auront, en aucun cas, pour effet de faire cesser avant leur terme les immunités précédemment accordées, ni de créer des droits à l'exemption en faveur de maisons précédemment construites.

ART. 55. La demande d'exonération temporaire exigée par l'article 9 de la loi doit contenir la déclaration que la maison qui en fait l'objet est destinée à être occupée par une personne n'étant propriétaire d'aucune maison.

Art. 56. L'exemption comprend à la fois le principal de l'impôt et les centimes additionnels de toute nature. Elle ne peut, dans aucun cas, être étendue au sol des maisons, ni aux cours ou jardins qui en dépendent.

Art. 57. Les immeubles admis à jouir du bénéfice de la loi, et qui viennent à être transformés ou agrandis, sont considérés comme ayant acquis une valeur sensiblement supérieure au maximum légal, quand leur nouvelle valeur locative dépasse de plus d'un dixième les maxima fixés à l'article 5o ci-dessus.

L'exemption d'impôt dont ils bénéficiaient cesse à partir du 1ᵉʳ janvier de l'année qui suit celle pendant laquelle les transformations ou agrandissements ont été opérés; les impositions sont établies, s'il y a lieu, par voie de rôles particuliers.

Art. 58. Les immunités fiscales prévues aux articles 9 et 10 de la loi ne peuvent être revendiquées que pour les maisons dont la construction a été entreprise postérieurement à sa promulgation.

A titre exceptionnel, les demandes d'exemption qui n'auraient pas été faites dans les délais fixés par l'article 9 de la loi seront recevables dans les six mois qui suivront la promulgation du présent règlement.

Art. 59. Le Ministre du commerce, de l'industrie, des postes et des télégraphes, le Garde des sceaux, Ministre de la justice, le Ministre de l'intérieur et le Ministre des finances sont chargés, chacun en ce qui le concerne, de l'exécution du présent décret, qui sera inséré au *Bulletin des lois* et publié au *Journal officiel* de la République française.

DÉCRET DU 8 OCTOBRE 1895

DÉTERMINANT LA COMPOSITION DU CONSEIL SUPÉRIEUR

DES HABITATIONS À BON MARCHÉ [1].

Le Président de la République française,

Sur le rapport du Ministre du commerce, de l'industrie, des postes et des télégraphes;

Vu les articles 14 et 15 de la loi du 30 novembre 1894 sur les habitations à bon marché;

Le Conseil d'État entendu,

Décrète :

Art. 1er. Le Conseil supérieur des habitations à bon marché, institué auprès du Ministre du commerce, de l'industrie, des postes et des télégraphes, par l'article 14 de la loi du 30 novembre 1894, se compose de quarante membres, savoir :

Membres nommés par le Ministre.

Membres du Sénat....................................	4
Membres de la Chambre des députés..............	6
Membres du Conseil d'État........................	2
Personnes spécialement versées dans les questions d'hygiène, de construction et d'économie sociales..............	5
Membres des sociétés de construction d'habitations à bon marché, des sociétés mutuelles de prévoyance et d'épargne et des syndicats professionnels institués conformément à la loi...	5
Membres des comités locaux d'habitations à bon marché...	5
Membre de l'Académie des sciences morales et politiques..	1
Membre de l'Académie des beaux-arts, section d'architecture	1
Membre de l'Académie de médecine...................	1
Membre de la Société française des habitations à bon marché.	1

[1] Ce décret a remplacé le décret du 20 février 1895.

Membre de la Ligue nationale de la prévoyance et de la mu-
tualité. 1

Membre de la Société d'hygiène publique et de médecine
professionnelle. 1

Membre de l'Institut des actuaires français. 1

Membres de droit.

Le directeur général de la Caisse des dépôts et consignations. 1
Le directeur général des contributions directes. 1
Le directeur général de l'enregistrement, des domaines et
du timbre 1
Le directeur des affaires civiles et du sceau. 1
Le directeur de l'assistance et de l'hygiène publiques. 1
Le directeur de la prévoyance et de l'assurance sociales. . . . 1

Total. 40

Ce conseil est placé sous la présidence du Ministre, qui désigne parmi ses membres deux vice-présidents.

Les secrétaires du Conseil supérieur sont nommés par arrêté ministériel.

Art. 2. Les membres, à la désignation du Ministre, sont nommés pour quatre ans. Un renouvellement par moitié a lieu tous les deux ans. La première série sortante sera désignée par le sort.

Sont remplacés immédiatement les membres du conseil qui perdent la qualité en raison de laquelle ils avaient été nommés.

Art. 3. Le Conseil supérieur s'occupe d'une façon générale de toutes les questions concernant les logements économiques. L'ordre du jour des séances est arrêté par le Ministre.

Le Conseil peut, avec l'autorisation spéciale du Ministre, procéder à des enquêtes et entendre les personnes qu'il jugerait en état de l'éclairer sur les questions qui lui sont soumises.

Il prend connaissance des rapports présentés par les comités locaux en exécution de l'article 14 de la loi du 30 novembre 1894, émet son avis sur les questions qu'ils soulèvent et en donne annuellement le résumé, avec ses observations, dans un rapport d'ensemble adressé au Président de la République.

Art. 4. Le Conseil tient au moins une session dans les trois premiers mois de chaque année.

Art. 5. Un comité permanent de dix membres, choisis dans le sein du Conseil et désignés par le Ministre, se réunit sous la présidence de l'un des vice-présidents chaque fois que les besoins du service l'exigent. Il délibère sur les affaires urgentes ou d'importance secondaire et instruit les questions à soumettre au Conseil supérieur.

Art. 6. Le Ministre du commerce, de l'industrie, des postes et des télégraphes est chargé de l'exécution du présent décret.

CIRCULAIRE MINISTÉRIELLE

DU 28 OCTOBRE 1895.

Monsieur le Préfet, j'ai l'honneur de vous adresser ci-joint le texte du décret du 21 septembre 1895, portant règlement d'administration publique pour l'exécution de la loi du 30 novembre 1894, relative aux habitations à bon marché.

Cette loi peut donc désormais recevoir son entière application. Je crois utile, à cette occasion, de vous en rappeler brièvement les principales dispositions, en indiquant, pour chacune d'elles, les circonstances dans lesquelles l'administration préfectorale aura à intervenir.

Comités locaux. — Ainsi que vous le savez, aux termes de l'article 1er de la loi du 30 novembre 1894, un ou plusieurs comités des habitations à bon marché peuvent être établis dans chaque département.

Ils ont pour mission d'encourager la construction de maisons salubres et à bon marché et peuvent recevoir des subventions de l'État, des départements et des communes, ainsi que des dons et legs.

Ces comités seront institués par décret après avis des conseils généraux et du Conseil supérieur institué auprès de mon Ministère.

Lorsqu'il en aura été créé dans votre département, vous aurez à désigner ceux de leurs membres qui, aux termes de l'article 4 de la loi, sont à votre nomination. L'installation de chaque comité sera faite par vous dans l'arrondissement chef-lieu, et par les sous-préfets dans les autres arrondissements.

Vous aurez ensuite à pourvoir aux vacances qui se produiront dans les comités et à convoquer ceux d'entre eux qui resteraient plus de six mois sans se réunir. C'est à vous qu'a été confié le pouvoir de déclarer démissionnaires les membres qui s'abstiendraient de se rendre à trois convocations sans motif reconnu légitime par le comité; toutes les fois que vous en userez, je vous prierai de m'en informer. Vous aurez également à m'adresser un rapport en cas de démission simultanée de plus de la moitié des membres d'un comité. Enfin il y aura lieu de demander chaque année auxdits comités un rapport détaillé sur leurs travaux et l'état de leur situation financière, ainsi que les comptes de l'exercice écoulé et le budget de l'exercice courant. Ces documents me seront adressés par vos soins dans le courant de janvier.

Sociétés de construction et de crédit. — Il me paraît utile de rappeler que les sociétés de construction et de crédit ne seront admises au bénéfice des exonérations et autres faveurs concédées par la loi qu'autant que leurs statuts contiendront les indications prévues à l'article 9 du décret du 21 septembre 1895.

S'il existe dans votre département des sociétés pouvant réclamer ces avantages, vous leur ferez connaître qu'elles doivent soumettre leurs statuts à mon approbation. Pour celles dont les statuts auront été approuvés vous aurez à me transmettre, dans les six mois qui suivent la clôture de chaque exercice, le compte rendu de leur assemblée générale.

Emploi des fonds des bureaux de bienfaisance, hospices et hôpitaux. — Aux termes de l'article 6 de la loi du 30 novembre 1894, les bureaux de bienfaisance, hospices et hôpitaux peuvent, avec votre autorisation, employer une fraction de leur patrimoine, qui ne pourra excéder un cinquième, à la construction de maisons à bon marché, ainsi qu'en prêts hypothécaires aux sociétés de construction et de crédit et en obligations de ces sociétés.

Conformément à l'article 10 du décret du 21 septembre 1895, ce cinquième sera calculé d'après le cours de la bourse pour les valeurs mobilières, et, pour les immeubles, d'après l'évaluation qui en sera faite par un expert que vous nommerez à cet effet.

C'est à vous qu'il appartient d'apprécier dans quelles conditions et dans quelles circonstances l'autorisation nécessaire devra être accordée aux établissements de bienfaisance ci-dessus mentionnés. A titre d'indication, je crois utile de vous rappeler les conditions que la Caisse des dépôts et consignations impose pour l'emploi de la réserve provenant des fonds de caisses d'épargne.

Le montant des avances ne peut pas être supérieur au double du capital-actions et à huit fois le capital appelé. Les obligations sont du type des obligations de chemins de fer, au capital de 500 francs, émises au pair. L'amortissement des obligations doit être régulier et avoir lieu annuellement par voie de tirage au sort dans un délai à déterminer au moment du prêt. Les réalisations ont lieu par fractions au fur et à mesure de l'avancement des travaux, et sur la justification de l'emploi des sommes antérieurement prêtées.

En ce qui touche les garanties dont il y aura lieu d'entourer les placements de l'espèce, elles seront cherchées dans l'examen de la situation financière des sociétés, la production des statuts, du bilan, la notoriété des membres du conseil d'administration, et enfin dans les renseignements que vous pourrez vous procurer à ce sujet.

En outre, pour le cas où, après avoir emprunté sur obligations, les sociétés chercheraient à réaliser des prêts hypothécaires, ce qui aurait pour conséquence d'annuler ou de réduire le gage des établissements prêteurs, vous penserez sans doute qu'il conviendra de prendre, à cet égard, certaines précautions. Les avances ne devraient, par exemple, être consenties qu'aux seules sociétés dont les statuts contiendront une clause d'interdiction de la faculté d'emprunter sur hypothèque, en cas de réalisation d'emprunt dans les établissements susdésignés.

Vous veillerez à ce qu'en aucun cas la somme dont les établissements disposeront ainsi ne dépasse le montant de leur fortune mobilière.

Assurances en cas de décès. — La caisse d'assurance en cas de décès, instituée par la loi du 11 juillet 1868, est autorisée à passer avec les acquéreurs ou les constructeurs de maisons à bon marché, qui se libèrent du prix de leur habitation au moyen d'annuités, des contrats d'assurances temporaires, ayant pour but de garantir, à la mort de l'assuré, si elle survient dans la période d'années déterminée, le payement des annuités restant à courir.

Des instructions spéciales seront données à ce sujet par la Caisse des dépôts et consignations.

Vous remarquerez, toutefois, que l'article 15 du décret vous confie le soin de désigner, dans chaque canton où des habitations à bon marché seront construites, un ou plusieurs médecins visiteurs chargés d'examiner les personnes qui demandent à contracter une assurance. Vous pourrez, en outre, recevoir le serment de ces médecins et vous devrez fixer par arrêté le tarif de la visite médicale.

De l'indivision des maisons à bon marché. — La loi du 30 novembre 1894 a simplifié les formalités du partage. Je n'insisterai pas sur les dispositions insérées à ce sujet dans le titre V du règlement du 21 septembre 1895, pour l'application desquelles votre administration n'a pas à intervenir.

Des immunités fiscales. — Il me paraît indispensable de vous donner des indications précises relatives, d'une part, aux obligations imposées aux propriétaires d'habitations à bon marché qui désirent profiter de l'exemption des impôts foncier et des portes et fenêtres ; d'autre part, aux conditions exigées pour le maintien de ces immunités.

L'article 9 de la loi du 30 novembre 1894 exempte des contributions foncière et des portes et fenêtres, pendant cinq ans, à partir de l'année qui suit leur achèvement, les maisons individuelles ou les logements compris dans les maisons collectives qui réunissent les conditions prévues aux articles 1 et 5 de ladite loi.

Il faut notamment que la personne par qui la maison est destinée à être occupée ne soit propriétaire d'aucune autre maison ; que la valeur locative des immeubles ou logements, s'il s'agit de maisons collectives, ne dépasse pas les chiffres ci-après (art. 50 du règlement) :

Dans les communes de 1,000 habitants et au-dessous...	132^f
De 1,001 à 5,000 habitants......................	220
De 5,001 à 30,000 habitants.....................	250
De 30,001 à 200,000 et dans celles qui sont situées dans un rayon de 40 kilomètres autour de Paris.........	323
Dans les communes de 200,001 habitants et au-dessus.	440
A Paris....................................	550

Les propriétaires d'immeubles de l'espèce (sociétés régulièrement constituées à cet effet ou particuliers) qui désirent profiter du bénéfice des immunités précitées seront tenus de spécifier, dans la déclaration, que les dispositions de l'article 9, § 3, de la loi du 8 août 1890 obligent tout propriétaire construisant une maison à consigner, dans les quatre mois de l'ouverture des travaux, sur un registre spécial déposé à cet effet à la mairie, que leur intention est d'élever une maison de la catégorie de celles qui sont visées par la loi du 30 novembre 1894, *en indiquant notamment que cette bâtisse est destinée à être occupée par une personne non propriétaire d'une autre maison,* ou de faire, dans le même délai de quatre mois, une déclaration spéciale qui contiendra les mêmes indications et sera transcrite également sur le registre tenu dans les mairies, en exécution de l'article 9 de la loi du 8 août 1890.

A titre exceptionnel, cependant, les demandes d'exemptions seront recevables pour la première application de la loi dans les six mois qui suivront la promulgation du règlement du 21 septembre 1895, c'est-à-dire jusqu'au 22 mars 1896 inclusivement.

Les immunités ne peuvent être revendiquées. dans tous les cas, que pour les immeubles dont la construction a été entreprise postérieurement à la promulgation de la loi du 30 novembre 1894.

L'exemption cesserait de plein droit si, par suite de changement de propriétaire ou de locataire, de transformation ou d'agrandissements, l'immeuble venait à perdre son caractère d'habitation à bon marché ou à prendre une valeur locative dépassant de plus d'un dixième les chiffres maxima fixés par l'article 5o du règlement et indiqués plus haut.

Enfin l'article 1ᵉʳ de la loi stipule expressément que les maisons à bon marché devront être salubres. Il y aura donc lieu avant de leur accorder les avantages indiqués plus haut de s'assurer qu'elles remplissent cette condition.

Si des doutes ou des contestations s'élevaient sur ce point, le conseil d'hygiène de votre département pourrait utilement être appelé à formuler un avis.

Je vous prie, Monsieur le Préfet, de prendre de suite telles mesures que vous jugerez nécessaires en vue d'informer le public des dispositions auxquelles il devra se conformer et qu'il a intérêt à connaître le plus promptement possible, principalement en ce qui concerne les délais stipulés pour la déclaration des habitations à bon marché.

Je suis tout disposé, au surplus, à vous faciliter la solution des difficultés que vous pourriez rencontrer dans l'application de la loi du 3o novembre 1894 et du décret du 21 septembre 1895 et que vous auriez à me soumettre.

De son côté, la Caisse des dépôts et consignations s'empressera de fournir tous les renseignements nécessaires, soit pour les emprunts contractés sur la réserve des caisses d'épargne, soit pour la réalisation des assurances temporaires en cas de décès.

LOI DU 31 MARS 1896

MODIFIANT L'ARTICLE 11 ET COMPLÉTANT L'ARTICLE 5

DE LA LOI DU 30 NOVEMBRE 1894

SUR LES HABITATIONS À BON MARCHÉ.

———

ART. 1er. Le deuxième paragraphe de l'article 11 de la loi du 30 novembre 1894 est modifié ainsi qu'il suit :

«Ces sociétés ne seront admises au bénéfice de ces exonérations et des autres faveurs concédées par la loi qu'autant que leurs statuts, approuvés par le Ministre compétent, sur l'avis du Conseil supérieur institué par l'article 14, limiteront leurs dividendes annuels à un chiffre maximum [1].»

ART. 2. Pour la détermination des revenus qui servent à l'application de l'article 5 de la loi du 30 novembre 1894, ne seront pas comprises dans la valeur locative des immeubles les charges de salubrité (eau, vidange, etc.) et d'assurance contre l'incendie ou sur la vie dont le propriétaire fait l'avance et qu'il recouvre en les mettant, par le bail, au compte du locataire.

ART. 3. Les dispositions de l'article 8 de la loi du 30 novembre 1894 sont applicables à toute maison, quelle que soit la date de sa construction, dont le revenu net imposable à la contribution foncière n'excède pas les limites fixées par l'article 5 de ladite loi.

[1] Sur la portée de cette modification, voir ci-après la circulaire du 13 avril 1896.

CIRCULAIRE MINISTÉRIELLE DU 13 AVRIL 1896

AUX PRÉFETS.

Monsieur le Préfet, une loi du 31 mars, promulguée au *Journal officiel* du 1ᵉʳ avril, vient de modifier et de compléter en quelques points la loi du 30 novembre 1894 sur les habitations à bon marché. Pour vous permettre de répondre aux demandes d'éclaircissements qui pourraient vous être adressées à cet égard, je crois devoir vous indiquer très brièvement les dispositions de la loi nouvelle.

S'inspirant des termes du second alinéa de l'article 11 de la loi du 30 novembre 1894, le règlement d'administration publique du 21 septembre 1895, dans son article 9, paragraphes 2 et 5, avait imposé aux sociétés de construction de maisons à bon marché la double obligation de réduire leurs dividendes annuels à 4 p. 100 et de n'attribuer leur actif final, en cas d'expiration ou de dissolution, qu'à des sociétés déterminées et dans des conditions définies. La loi récente, en modifiant le texte primitif et en spécifiant que la limitation légale ne devait exclusivement atteindre que les dividendes annuels, ne laisse subsister des deux dispositions précitées que celle contenue dans le paragraphe 2 de l'article 9 du décret du 21 septembre 1895 ; le paragraphe 5 du même article ne trouve dès lors plus de base dans la législation actuelle et doit être considéré comme virtuellement abrogé.

L'article 2 de la loi du 31 mars 1896 précise l'interprétation que devra désormais recevoir l'article 50 du règlement d'administration publique du 21 septembre 1895. Dans un intérêt d'hygiène et de sécurité publiques, il excepte du calcul des valeurs locatives, pour l'admission aux immunités fiscales déterminées par la loi de 1894, certaines des charges mises par bail au compte des locataires d'habitations à bon marché.

Enfin l'article 3 de la loi de 1896 étend les dispositions de l'article 8 de la loi précédente, en décidant que les règles spéciales relatives à l'indivision ou à l'attribution des maisons à bon marché seront applicables à toutes les maisons répondant aux conditions déterminées par la loi de 1894, même si elles ont été construites antérieurement à sa promulgation.

Sans insister sur les nouveaux avantages que le Parlement a voulu ainsi réserver aux constructeurs et aux acquéreurs ou locataires d'habitations ouvrières, je tenais, Monsieur le Préfet, à vous signaler la portée exacte de la loi qui vient d'intervenir et à vous mettre ainsi en mesure d'épargner aux intéressés toute indécision dans son application.

Vous voudrez bien m'accuser réception de la présente circulaire.

CIRCULAIRE MINISTÉRIELLE

DU 10 MARS 1897

AUX DIRECTEURS DES CAISSES D'ÉPARGNE.

MESSIEURS, aux termes de l'article 6 de la loi du 30 novembre 1894, relative aux habitations à bon marché, «la Caisse des dépôts et consignations est autorisée à employer jusqu'à concurrence du cinquième la réserve provenant de l'emploi des fonds des Caisses d'épargne qu'elle a constituée en obligations négociables» des «Sociétés de construction de maisons à bon marché» et des «Sociétés de crédit qui, ne construisant pas elles-mêmes, ont pour objet de faciliter l'achat ou la construction de ces maisons».

D'autre part, l'article 10 de la loi du 20 juillet 1895, sur les Caisses d'épargne, autorise ces Caisses, en principe, et sous réserve des modifications statutaires qui pourraient être au préalable nécessaires, à «employer la totalité du revenu de leur fortune personnelle et le cinquième du capital de cette fortune en acquisition ou construction d'habitations à bon marché», en «prêts hypothécaires anx sociétés de construction de ces habitations» existant dans le département ou aux «Sociétés de crédit qui, ne les construisant pas elles-mêmes, ont pour objet d'en faciliter l'achat ou la construction», et enfin «en obligations de ces sociétés».

Ces deux dispositions successives disent assez et l'intérêt que le législateur porte au développement des sociétés de construction d'habitations à bon marché, et le concours qu'il attend des réserves de l'épargne en faveur de ce développement.

Sans méconnaître le rôle qui revient en cette matière à la Commission de surveillance de la Caisse des dépôts et consignations, gérante du fonds de réserve et de garantie des Caisses d'épargne, et sans douter du bon vouloir qu'elle mettra à réaliser les intentions du Parlement, j'incline à croire que c'est surtout auprès des Caisses d'épargne elles-mêmes que les sociétés de construction d'habitations à bon marché pourraient et devraient trouver l'appui financier qui leur est indispensable, surtout à leurs débuts.

Connaissant exactement la situation des localités, se trouvant en contact direct avec une clientèle de déposants dans laquelle se recruteraient vraisemblablement les futurs acquéreurs ou locataires de maisons à bon marché, rapprochés par leurs relations administratives ou personnelles de ceux qui pourraient utilement provoquer et mener à bien la création de sociétés de construction, les administrateurs des Caisses d'épargne sont mieux placés que quiconque pour susciter ou soutenir les premières tentatives et pour faciliter, par des prêts sagement consentis, la réalisation des projets correspondant à des besoins avérés. Sans rien sacrifier des sûretés que réclame toujours la gestion des fonds de l'épargne publique, sans rien délaisser d'un contrôle que leur rendra facile leur séjour sur place, ils peuvent ainsi participer activement à une œuvre sociale de haute portée et doubler, pour ainsi dire, l'utilité de la mission qu'ils ont généreusement assumée, puisque, en provoquant d'un côté à l'épargne, ils font concourir, d'un autre côté, cette épargne locale à l'amélioration des conditions locales du logement ouvrier.

Déjà de grandes Caisses, celles de Paris, de Lyon, de Marseille, sont entrées délibérément dans cette voie. Je veux espérer qu'elles seront suivies et que les autres grandes caisses, les caisses moyennes elles-mêmes, dans la mesure variable de leurs ressources et des nécessités, tiendront à honneur de ne point se désintéresser d'une question qui, pour être résolue, appelle leur initiative et leur collaboration effective.

Désireux de bien mettre en relief cette action féconde des Caisses d'épargne sur les transformations de l'habitation ouvrière, je prescris même dès maintenant l'insertion d'une rubrique spéciale à cet objet dans les prochains comptes rendus annuels de leurs opérations.

Je suis, d'ailleurs, tout disposé à étudier sans délai les modifications statutaires qui, en ce point particulier, pourraient être nécessaires à l'application de l'article 10 de la loi du 20 juillet 1895 et à vous fournir toutes les indications utiles sur le régime des habitations à bon marché, déterminé par la loi du 30 novembre 1894.

Vous voudrez bien, Messieurs, m'accuser réception de la présente circulaire et me faire savoir si, pour la Caisse que vous administrez, vous entrevoyez l'utilité et la possibilité des interventions auxquelles elle vous convie.

TABLE DES MATIÈRES.

Imprimerie nationale. — 390-83-1900. [*]

www.ingramcontent.com/pod-product-compliance
Lightning Source LLC
LaVergne TN
LVHW021048050726
842519LV00003B/1061